AF264060

LETTRE

A UN

RÉVOLUTIONNAIRE D'AUJOURD'HUI,

PAR UN

RÉVOLUTIONNAIRE D'AUTREFOIS.

Prix : 30 centimes.

AU MANS,

Chez l'Auteur, rue Sainte-Ursule,
N.° 8.

1816

LETTRE

A UN

RÉVOLUTIONNAIRE D'AUJOURD'HUI,

PAR UN

RÉVOLUTIONNAIRE D'AUTREFOIS.

AU MANS,

Chez l'AUTEUR, rue Sainte-Ursule, N.° 8.

1816.

DE L'IMPRIMERIE DE F.-N. RENAUDIN,
RUE DES TROIS-SONNETTES, N°. 9.

LETTRE

A UN

RÉVOLUTIONNAIRE D'AUJOURD'HUI,

PAR UN

RÉVOLUTIONNAIRE D'AUTREFOIS.

Monsieur,

L'AUTEUR de cette lettre n'est point un de ces hommes
qui ont attaqué le trône des Bourbons pour y substi-
tuer la tyrannie ; les nobles pour le devenir eux-mêmes ;
les prêtres pour corrompre la morale publique ; les
riches pour se couvrir de leurs dépouilles : il ne tient
aux événemens passés ni par ses intérêts, ni par son
importance politique ; mais il a tenu constamment à
des principes que vous reconnaissez enfin, et que re-
connaissent avec vous un certain nombre de personnes
qui les combattaient jadis.

Je m'apperçois, monsieur, que tout en admettant ces principes, vous parlez comme s'ils n'étaient point la base fondamentale de notre constitution politique, ou bien comme s'il fallait seulement les appliquer au profit de ceux-là même qui les proscriraient, s'ils en avaient la puissance. Les noms de scélérats, de jacobins, de parjures, se pressent sous votre plume autrefois si polie ; vous divisez la France en deux partis, les royalistes et les révolutionnaires ; vous parlez de doctrine révolutionnaire vers laquelle l'opinion, d'excellente qu'elle était, rétrograde sensiblement aujourd'hui ; vous vous écriez : où sommes-nous ? où allons-nous ? et moi, je vous demande où vous êtes, où vous prétendez aller.

Où êtes-vous ? sur le théâtre politique de la France, théâtre où l'ambition offusque souvent les meilleurs esprits ; où par fois l'art de Machiavel efface l'empreinte du plus beau caractère, la vigueur du plus mâle talent. Il faut l'œil d'un sage pour n'être pas ébloui à tel degré d'élévation, pour n'être pas trompé par ces illusions d'optique dont l'effet a tourné tant de têtes. Aux pieds de certains hommes d'état, tout est fourmi ; malheur à eux, quand un mouvement irréfléchi les pousse à vouloir écraser ce qui leur semble des insectes !

Qui sont-ils donc, ces hommes sur lesquels vous appelez en quelque sorte la malédiction publique ? Si je vous comprends bien, vous entendez par révolutionnaires, non seulement ces spéculateurs infâmes qui, regardant nos dissentions comme un jeu, ont su en attirer à eux les honteux bénéfices; mais encore tous ceux que leurs opinions et la part qu'ils ont prise aux événemens, attachent aux conséquences de la révolution. Je suis un de ces derniers : ai-je bien ou mal fait? Ce n'est point ici la question; mais ai-je le droit de repousser vos outrages? Le bon sens, les lois, l'intérêt du roi que vous affectez de défendre, vous permettent-ils d'insulter à la France presqu'entière? C'est ici la vraie question. Prélevez sur notre population tous les individus qui ont participé directement ou indirectement, dans le sens révolutionnaire, aux affaires de France depuis 1789, et vous verrez qu'en les frappant d'anathême, c'est la France presqu'entière que vous voulez flétrir.

Monsieur, je trouve en vous deux hommes de nature opposée. L'un est esclave de l'orgueil, l'autre subit comme malgré soi l'empire de la plus sublime raison; l'un est emporté par des passions si petites, qu'il craint de les avouer; l'autre est quelquefois surpris par les plus nobles inspirations; enfin, l'un est gentilhomme et l'autre est philosophe. J'en suis fâché pour les lettres, plus encore pour la patrie, cette indécision de caractère ôte toute énergie à vos facultés, et ne leur laisse de supériorité que dans les détails : il faut une ame forte pour faire un grand talent; et point de force là où le sentiment flotte et la pensée se partage.

Les grandes pensées viennent du cœur : ce mot seul immortalisera le nom de Vauvenargues. Quand un écrivain aspire aux premiers succès, quand il veut employer son esprit à la recherche des hautes vérités politiques, les richesses de l'imagination et l'art d'écrire ne lui suffisent plus; et s'il n'a pas ce vaste coup-d'œil, cette bonté, cette chaleur d'ame, qui nous élèvent au-dessus de nous-mêmes, et font du patriotisme une passion, il n'est plus qu'un froid écrivain, un publiciste vulgaire; il ne voit que lui, qu'autour de lui; il n'apperçoit l'ordre général que dans le cercle étroit de ses habitudes et de ses convenances; il parle en homme d'état, et sent un homme de parti.

Où prétendez-vous aller? Vous dites bien : « La charte! toute la charte! sans arrière-pensée, sans restriction, sans suspension. ». Mais vous réprouvez en même temps les élections auxquelles ces éternels jacobins ont concouru; vous les réprouvez sans daigner même examiner si ces électeurs avaient ou non le droit constitutionnel de donner leurs suffrages. La charte exclut-elle ceux que vous appelez jacobins, monsieur? Et cette dénomination que vous regardez certainement comme injurieuse, ce brandon que vous retirez des cendres de notre révolution pour le jeter tout fumant au milieu des passions prêtes à se rallumer, a-t-il quelque affinité avec l'esprit conciliateur et paternel de la charte? Vous la voulez, dites-vous : oui, pour ceux-là seuls qu'il vous plaît d'honorer du titre

de royalistes. Quant au reste, vous en faites des jacobins; et de ces jacobins, vous en feriez des Ilotes.

Que vous dénonciez à l'opinion publique des actes
qui vous semblent contraires aux lois, à la dignité du
monarque, à celle de la nation, aux devoirs du minis-
tère, actes dont le but aurait été, selon vous, de sou-
mettre les élections à l'influence directe du gouvernement, il n'est pas un ami de la patrie qui n'applaudisse
à la fermeté de vos principes; mais que vous partiez
de-là pour vouloir interdire à tels ou tels citoyens le
droit de voter aux assemblées électorales, unique-
ment parce qu'ils furent révolutionnaires, il n'est pas
un vrai patriote qui ne vous blâme, et ne vous donne
à vous-même ce nom de révolutionnaire dont vous
êtes si prodigue envers les autres.

Ce beau dévouement à la charte dont vous faites
tant de bruit nous était déjà suspect, quand vous pro-
posiez de donner à la pairie des priviléges sentant la
féodalité; il le devient encore plus, quand vous prétendez qu'un citoyen, réunissant les qualités constitu-
tionnelles pour être électeur, doit cependant être frap-
pé de la dégradation civique, par cela seul qu'à telle
époque il n'était pas royaliste. La charte dit : *Les Français sont égaux en droits;* mais vous, monsieur, vous
semblez dire : *Les royalistes seuls sont égaux en droits.*
Or, d'après vous, il n'y a de français que les royalistes, et de royalistes que ceux qui l'ont toujours
été : donc, tout ce qui a pris naissance, ou seulement
l'âge de raison depuis vingt-sept ans; tout ce qui n'a

connu ni l'ancienne monarchie, ni l'ancienne famille de nos rois qu'après la chûte de Napoléon, doit être politiquement interdit : ainsi raisonnent les révolutionnaires du temps présent.

Que le roi n'appelle point aux hautes fonctions de l'état, ni même aux emplois publics, les hommes qui ne lui ont pas encore donné de sûrs gages d'attachement et de fidélité, cela est fort naturel : nul de ces hommes n'en sera ni surpris, ni mécontent. Ah! si, avant la fatale époque du 20 mars, les anciens patriotes avaient eu dans les ministres la même confiance que dans le roi, si de justes alarmes ne leur eussent pas été inspirées sur la stabilité de leurs droits civils et politiques; s'ils n'eussent été hautement dévoués à l'opprobre, le plus grand des supplices; que de malheurs ont eût épargnés à la France! Et c'est vous, monsieur, qui vous chargez de recommencer l'œuvre de la discorde! qui sonnez de nouveau le tocsin sur les vieux amis de la liberté! Laissez-les en paix, monsieur le vicomte; ils ne portent envie ni aux dignités que vous avez, ni à celles que vous pourriez souhaiter d'avoir. Satisfaits d'être libres de fait et de droit, instruits par toutes les sortes d'expériences, estimant à ce qu'elles valent les jouissances de la vanité, de l'orgueil et du pouvoir, ils ne desirent autre chose que de concourir à la formation d'une bonne chambre de députés. Ils disent à vous et aux vôtres : « Gouvernez, messieurs, gouvernez : à vous la puissance, à nous la liberté. »

Après avoir signalé comme jacobins des électeurs mis sous la surveillance de la haute police, après avoir rappelé des souvenirs volcaniques, vous dites : « On » n'appaise pas les passions comme on les soulève; » on ne remue pas impunément la lie d'un peuple » corrompu par vingt-cinq années de révolution. » La lie! voilà bien l'orgueil dans toute sa plénitude! voilà bien ce mépris qui va remuer jusqu'à la dernière fibre d'un cœur français! L'entends-tu, génération présente, sur laquelle ont roulé ces vingt-cinq années de révolution? Tu es un peuple corrompu, dont sans doute les anciens patriotes sont la lie! Il n'y a de sain que l'émigration; elle seule a fait des citoyens.

« Si l'on avait calculé, dites-vous encore, le chan-
» gement qu'allait produire dans l'esprit public cet
» appel aux ennemis du trône; si l'on avait prévu le
» danger qui peut résulter pour la couronne du triom-
» phe des révolutionnaires sur les royalistes; si l'on
» avait voulu à la fois exalter les premiers et décou-
» rager les seconds; replacer ceux-ci dans la condition
» où ils se trouvaient sous Bonaparte, les remettre
» sous le joug des mêmes hommes qui les ont si long-
» temps opprimés; si l'on s'était plu à changer en
» terreur et en inquiétudes le repos dont nous com-
» mencions à jouir; si dans la France, aigrie par ses
» anciennes factions et ses calamités récentes, on
» n'avait pas craint de remettre tout en problême, je
» ne nommerais plus cela incapacité, je l'appellerais
» trahison, haute trahison. »

Voilà de ces hypothèses que l'on desire faire prendre pour des réalités, et qu'on se permet d'autant plus aisément qu'on se trouve à l'abri d'un titre respectable. Mais ces conceptions romanesques regardent les ministres: continuons de citer ce qui regarde des hommes sans pouvoir. Voici le passage le plus curieux de votre écrit :

« Je n'ignore pas ce que l'on dit, ou plutôt de quoi
» on se vante : on dit que l'on saura bien contenir les
» flots dont on a rompu la digue; *qu'on écrasera les*
» *jacobins* après s'en être servi; qu'on serait charmé
» qu'ils remuassent *pour avoir le plaisir* de les frapper ;
» que si la chambre nouvelle n'eût pas été modérée
» dans un sens ou dans un autre, on l'eût cassée
» comme la dernière. Puérile jactance, vaines paroles
» de gens qui ne connaissent ni la puissance des affaires,
» ni celle des hommes, ni ce que la France est en état
» de supporter ! »

Et ne perdons pas de vue l'étendue immense donnée à ce mot de jacobins : c'est le peuple français moins un petit nombre de purs et d'élus. Ce serait en effet une puérile jactance que de se vanter de pouvoir les écraser : un si doux plaisir ne serait pas obtenu sans peine. Robespierre qui craignait tous les hommes, et Bonaparte qui les méprisait, n'ont pu se le donner tout entier. *La vertu fut toujours en minorité sur la terre,* disait ainsi que vous le farouche dictateur de la république, en décimant la majorité ; mais enfin son glaîve exterminateur fut tourné contre lui-même. Bonaparte méprisait les hommes, parce qu'il n'en connaissait que le rebut; il les jugeait d'après ses flatteurs, vils transfuges de tous les partis : *ils l'ont abandonné les premiers.* Si l'on en croit un homme d'état que vous citez, les ministres actuels font pis que Bonaparte; (et ce n'est plus ici le cas d'une supposition) : ils honorent ceux qu'il méprisait. Et comment les honorent-ils? en leur permettant de voter aux assemblées électorales, en les admettant à l'exercice d'un droit constitutionnel. Je vous félicite, ami sincère de la charte, d'avoir trouvé cette remarque aussi juste que profonde : vous nous donnez ainsi la mesure de votre sagacité, de votre modération, de votre attachement à nos pricipes constitutifs; et vous avez toute raison de vous écrier ensuite : « Sans » la liberté des élections, il n'y a plus de gouver- » nement représentatif, il n'y a plus de charte. »

Vous êtes tellement préoccupé de cette idée, *que les jacobins sont amis du despotisme*, idée créée par vous, soutenue, caressée par vous seul, que vous leur attribuez jusqu'aux opinions illibérales dont la tribune des deux chambres a retenti l'an passé. A vous en croire, « on dit tout haut, cette année, que les chambres ne » doivent être que des conseils obéissans aux ordres » ministériels; que nous ne sommes point faits pour » un gouvernement constitutionnel; qu'il faut nous » conduire par des ordonnances; que nous n'avons » pas besoin de lois. Et qui sont ceux qui soutiennent

» ces doctrines? Une partie de ceux-là même qui, pen-
» dant vingt-cinq ans, ont crié à la constitution et
» à la liberté. » Vient ensuite une hideuse caricature
de l'ancien patriote travesti en esclave : c'est le fantôme
de votre imagination ; mais voici le vrai portrait sorti
du même pinceau : « Heureusement il est resté des
» hommes d'un esprit élevé, d'un caractère noble,
» qui n'ont point désavoué leurs principes; ils se réu-
» nissent à tous ceux qui professent des opinions in-
» dépendantes, sans acception de partis et de personnes;
» conséquens dans leurs systêmes politiques, comme
» ils l'ont été dans leur conduite, ils ne veulent pas
» que le gouvernement représentatif en France soit un
» vain nom : ils le veulent réellement et de fait dans
» tous ses rapports, dans toute sa plénitude. »

Oui, monsieur, ils le veulent, et *pour tous*, sans
excepter les révolutionnaires d'autrefois, ni ceux d'aujourd'hui. Vous ne serez pas seul à combattre « pour
» tout ce que réclament la dignité et le bonheur de la
» France, la religion, la légitimité, la liberté. » La
dignité et le bonheur de la France exigent qu'on la
respecte jusque dans les écarts de sa révolution :
les fils de Noë n'insultèrent point à l'ivresse de leur
père ; ils détournèrent les yeux et couvrirent sa nudité
d'un manteau. Le bonheur de la France sera dans
l'union de ses citoyens, non dans ces démarcations
odieuses élevées pour perpétuer la haine des partis. La
religion reprendra son empire partout où la parole
sainte sera prêchée sans colère, sans alliage et sans

hypocrisie; enfin la légitimité sera défendue, comme la liberté, par les hommes auxquels vous reprochez d'avoir professé le principe de la souveraineté nationale. car, (et je l'ai dit ailleurs) dans une monarchie quelconque, la nation ou les ordres qui la représentent choisissent, soit un homme, soit une famille, pour exercer la puissance. Si la loi a décidé que ce sera une famille, le cas d'élection n'arrive que lorsque cette famille est éteinte. Pour imprimer à ce choix le plus respectable et le plus grand caractère, on l'appelle une inspiration du ciel : la voix du peuple est la voix de Dieu. L'investiture divine n'a donc lieu qu'après l'acte de souveraineté nationale : il faut toujours remonter à cet acte pour trouver le vrai titre de la légitimité. Autrement, quelle serait la garantie des rois contre les prétentions du saint-siége qui s'attribuait jadis le droit de les nommer, de les suspendre, de les interdire et même de les détrôner? Pepin-le-Bref ne mit la couronne sur sa tête qu'après avoir consulté le vœu des Français. Hugues-Capet n'obtint d'abord que le suffrage de ses propres vassaux réunis en armes dans l'église de Noyon; mais ensuite la majorité des grands feudataires légitima ce couronnement par son adhésion.

Vous alléguez dans vos *Réflexions politiques* cette observation de l'historien Smollet : « On remarque que » le roi Guillaume III, *choisi par le peuple*, pouvait, » s'il le voulait, gouverner sans le peuple, et régner » *de droit divin*, quoiqu'il eût été établi de droit hu-

» main. » Vous demandez si les Anglais en sont moins libres aujourd'hui; si l'on n'a point affermi chez eux les bases de la liberté, en lui donnant un caractère sacré. Mais le passage de Smollet prouve seulement que le droit divin et le droit humain se confondaient ensemble dans l'esprit du peuple anglais. En effet, qu'importe le nom, quand la chose est bien définie; quand le pouvoir est institué par une loi fondamentale? Le roi peut gouverner sans le peuple, mais non sans les représentans; il ne le peut sans le concours ni la signature de ses agens responsables; et l'acte en vertu duquel sa famille est mise en possession du trône n'étant que l'expression pure et simple de la volonté nationale, est le *droit divin*, imprescriptible, qui lui donne un caractère sacré. L'existence d'une monarchie où le prince jure de se conformer à une charte constitutionnelle est un monument irrécusable de la souveraineté du peuple prise dans le sens réel et philosophique des choses; et c'est à l'heureuse impossibilité, de la part du monarque, de violer les lois, que la nation doit le maintien de sa liberté.

Enfin, dans votre dernier écrit, bien moins pourtant que dans tous les autres, brillent des traits d'une grande vérité. Par exemple, il n'est point de constitutionnel qui ne s'énorgueillît d'avoir tracé les lignes que je vais transcrire : ce sera les dernières. (1)

« Je sais qu'il paraît difficile qu'un despotisme quel-

---

(1) Lisez, patriotes, c'est du Châteaubriand.

» conque s'affermisse aujourd'hui : on n'arrête pas les
» progrès des choses ; les principes politiques de la
» charte resteront, en dépit de ce qu'on pourrait
» faire pour la détruire. Mais on peut troubler l'état en
» les attaquant ; on peut perdre le gouvernement, sans
» réussir à vaincre le siècle. Il faut le dire, pour nous
» inspirer une frayeur salutaire : Un gouvernement
» serait en danger, si un ministre pouvait mépriser
» demain la loi proclamée aujourd'hui ; si l'ambition
» n'était arrêtée par aucune considération ; si l'ex-
» trême audace, qui touche à l'extrême faiblesse, heur-
» tait également dans sa course les hommes et les lois.
» L'opinion que l'on aurait comprimée d'abord s'é-
» chapperait enfin. Lorsque le bras de fer du dernier
» tyran n'a pu la tenir terrassée, lorsqu'il n'a pu l'en-
» chaîner dans sa gloire, seraient-ce les faibles mains
» de quelques agens obscurs qui pourraient la retenir ?
» La police apprendra qu'on ne met point l'opinion
» au secret. »

Monsieur, je pense que vous n'auriez point fait
votre dénonciation, si des considérations particulières,
dont il ne me convient point de rechercher la cause, ne
vous avaient détourné du vrai point de vue de l'homme
d'état. L'époque du 20 mars avait dérangé le nouvel
ordre que celle du 4 mai avait établi. Après la rentrée
de Louis XVIII, il a fallu remettre les choses dans ce
même ordre ; il a fallu comprimer d'une part pour
élever de l'autre ; il a fallu déroger provisoirement à
la charte par une ordonnance relative aux élections et

par des lois restrictives de nos libertés ; mais cette force compressive devait avoir un terme, et ce terme devait être indiqué par l'action demesurée de la partie sur laquelle elle ne portait pas. Il a donc été indispensable de peser ensuite de l'autre part, et de diminuer l'action des lois dérogatoires. C'est ce qu'ont voulu faire les ministres, et ce que vous blâmez avec tant d'amertume. Nous avons une constitution ; mais nous ne sommes pas tous constitutionnels ; et les plus sages d'entre nous sont ceux qui distinguent, dans la conduite ministérielle, les actes discrétionnaires faits dans l'intérêt de l'état, sous l'empire des circonstances, et même sous celui de la nécessité, d'avec les coups d'autorité et les mesures de police qui, même au sein de la plus profonde paix, frapperaient au cœur la liberté publique.

J'ai l'honneur d'être, etc.

RIGOMER BAZIN.